Impressum
Verlag: BABADADA GmbH, Nedderfeld 112 , 22529 Hamburg
Geschäftsführer / Verlagsleitung: Harald Hof
Druck: Books on Demand GmbH, In de Tarpen 42, 22848 Norderstedt

Imprint
Publisher: BABADADA GmbH, Nedderfeld 112 , 22529 Hamburg, Germany
Managing Director / Publishing direction: Harald Hof
Print: Books on Demand GmbH, In de Tarpen 42, 22848 Norderstedt

學校
skool

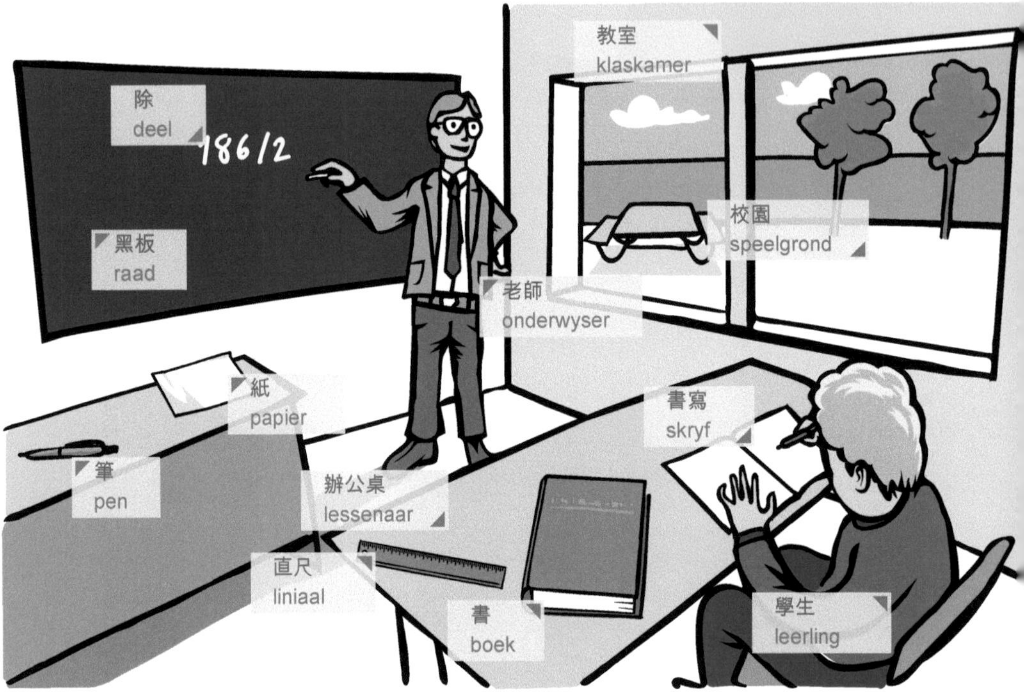

教室
klaskamer
除
deel
186/2
黑板
raad
校園
speelgrond
老師
onderwyser
紙
papier
書寫
skryf
筆
pen
辦公桌
lessenaar
直尺
liniaal
書
boek
學生
leerling

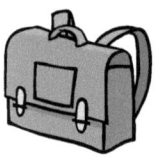

書包

skooltas

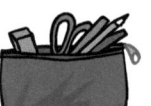

鉛筆盒

potloodhouer

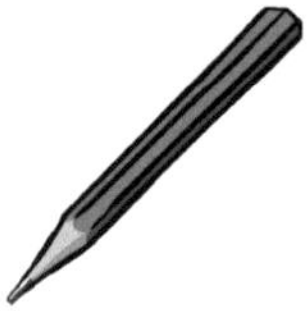

鉛筆

potlood

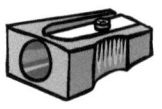

削鉛筆機

skerpmaker

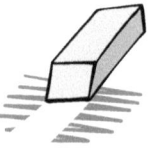

橡皮擦

rubber

畫板

tekenblok

圖畫

tekening

畫筆

verfkwas

顏料盒

verfoppervlak

剪刀

skêr

膠水

gom

練習冊

oefenboek

家庭作業

huiswerk

數字

aantal

加

optel

減

aftrek

乘

maal

計算

bereken

字母

brief

字母表

alaphabet

字

woord

課文
teks

讀
lees

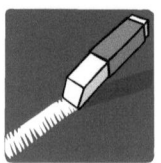

粉筆
kryt

上課
les

登記
registreer

考試
eksamen

證書
sertifikaat

校服
skooluniform

教育
onderwys

百科全書
ensiklopedie

大學
universiteit

顯微鏡
mikroskoop

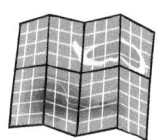

地圖
kaart

廢紙簍
vullisdrom

旅行
reis

飯店
hotel
Grand
青年旅社
hostel
ROOMS
外幣兌換處
bureau de change
手提箱
tas
汽車
motor

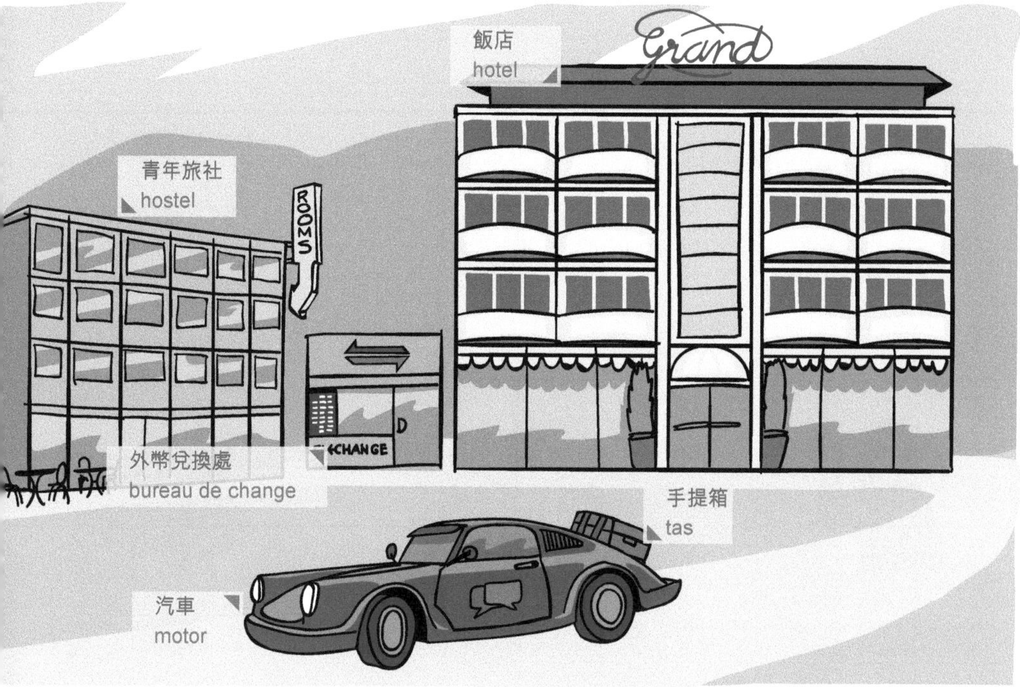

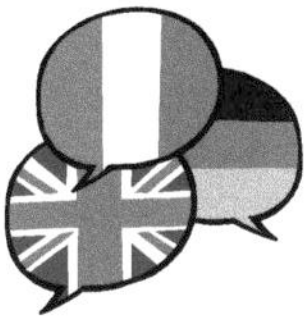

語言

taal

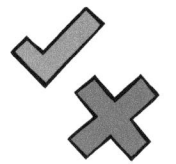

是/否

ja / nee

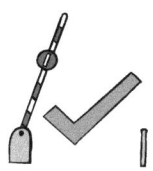

好的

Goed

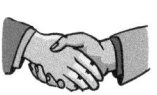

您好

hallo

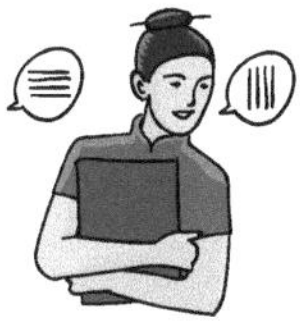

翻譯人員

vertaler

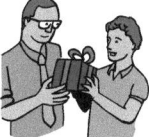

謝謝

Dankie

……多少錢？

hoeveel is...?

我不明白

Ek verstaan nie

問題

probleem

晚上好！

Goeie naand!

早上好！

Goeie môre!

晚安！

Goeie nag!

再見

totsiens

方向

rigting

行李

bagasie

包

sak

背包

rugsak

客人

gas

房間

kamer

睡袋

slaapsak

帳篷

tent

旅行資訊
toeriste-inligting

海灘
strand

信用卡
kredietkaart

早餐
ontbyt

午餐
middagete

晚餐
aandete

票
kaartjie

電梯
hysbak

郵票
posseël

邊界
grens

海關
doeane

大使館
ambassade

簽證
visum

護照
paspoort

交通運送

vervoer

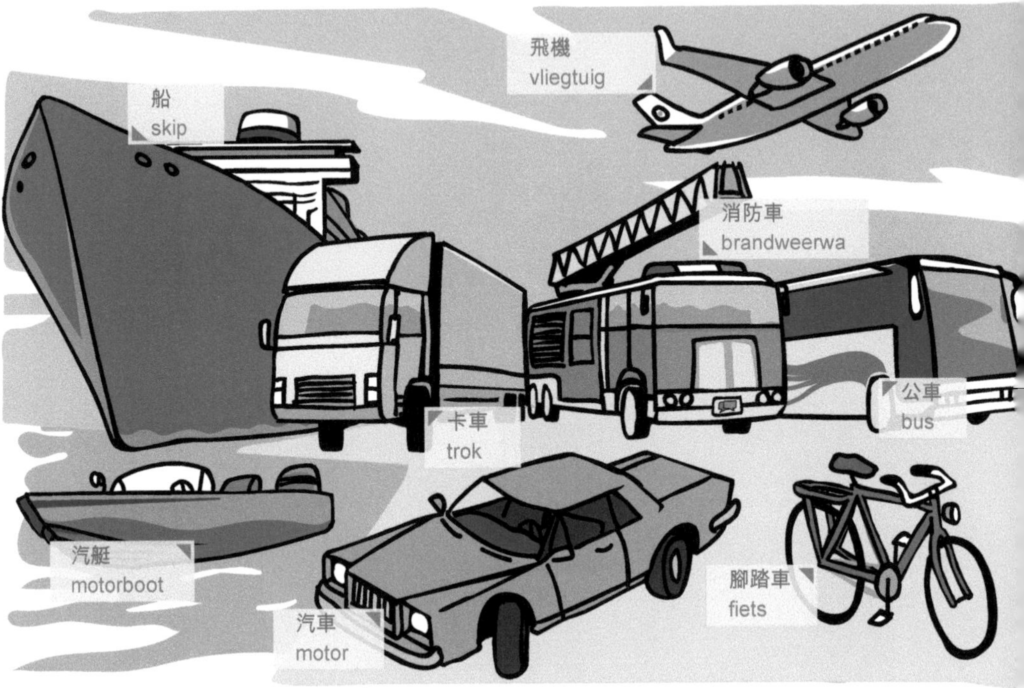
飛機
vliegtuig
船
skip
消防車
brandweerwa
公車
bus
卡車
trok
汽艇
motorboot
腳踏車
fiets
汽車
motor

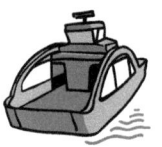

渡輪

veerboot

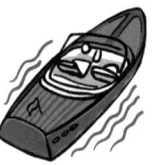

小船

boot

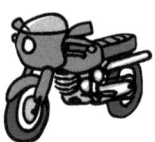

機車

motorfiets

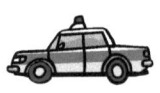

警車

polisiemotor

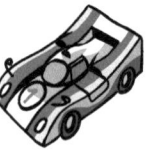

賽車

renmotor

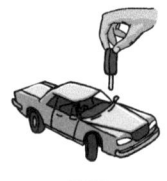

租車

huurmotor

拼車

car-sharing

拖車

insleepvoertuig

垃圾車

vullisverwydering

馬達

enjin

汽油

brandstof

加油站

vulstasie

交通標識

verkeersteken

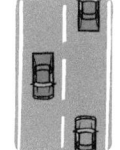

交通

verkeer

交通堵塞

verkeersknoop

停車場

parkeerplek

火車站

stasie

軌道

spore

火車

trein

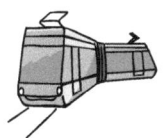

路面電車

tram

客車廂

wa

直升機

helikopter

機場

lughawe

塔

toring

乘客

passasier

集裝箱

houer

紙板箱

karton

手推車

karretjie

籃子

mandjie

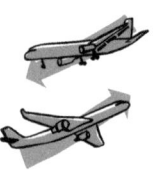

起飛/降落

opstyg / land

城市

stad

村莊

dorpie

市中心

middestad

房子

huis

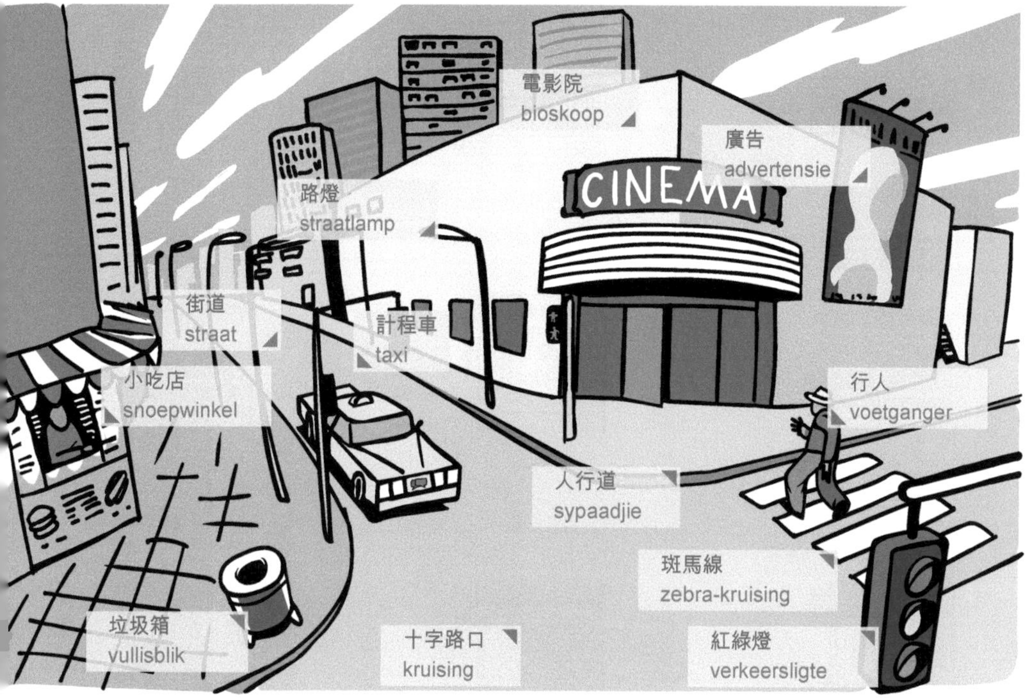

電影院
bioskoop
廣告
advertensie
CINEMA
路燈
straatlamp
街道
straat
計程車
taxi
小吃店
snoepwinkel
行人
voetganger
人行道
sypaadjie
斑馬線
zebra-kruising
垃圾箱
vullisblik
十字路口
kruising
紅綠燈
verkeersligte

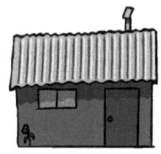

小屋

hut

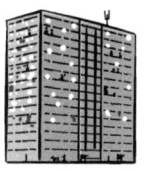

公寓

woonstel

火車站

stasie

市政廳

stadsaal

MUSEUM

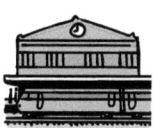

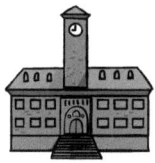

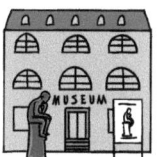

博物館

museum

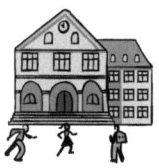

學校

skool

大學

universiteit

銀行

bank

醫院

hospitaal

飯店

hotel

藥房

apteek

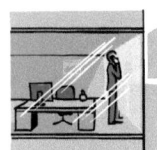

辦公室

kantoor

書店

boekwinkel

商店

winkel

花店

bloemis

超市

supermark

市場

mark

百貨商店

handelshuis

魚店

viswinkel

購物中心

inkopiesentrum

海港

hawe

公園

park

長凳

bankie

橋

brug

樓梯

trappe

捷運

moltrein

隧道

tonnel

公車站

bushalte

酒吧

kroeg

餐館

restaurant

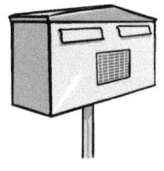

郵筒

posbus

路標

straatnaambord

停車計時器

parkeermeter

動物園

dieretuin

游泳池

swembad

清真寺

moskee

農場

plaas

污染

besoedeling

墓地

begraafplaas

教堂

kerk

操場

speelgrond

寺廟

tempel

地形
landskap

樹葉
blaar

指示牌
padwyser

路
pad

草地
weiland

石頭
klip

樹
boom

徒步旅行者
voetslaner

河
rivier

草
gras

花
blom

峽谷

vallei

丘陵

heuwel

湖

meer

森林

bos

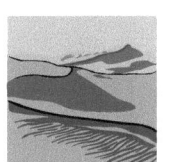

沙漠

woestyn

火山

vulkaan

城堡

kasteel

彩虹

reënboog

蘑菇

sampioen

棕櫚樹

palmboom

蚊子

muskiet

蒼蠅

vlieg

螞蟻

mier

蜜蜂

by

蜘蛛

spinnekop

甲蟲

miskruier

青蛙

padda

松鼠

eekhoring

刺蝟

krimpvarkie

野兔

haas

貓頭鷹

uil

鳥

voël

天鵝

swaan

野豬

wildevark

鹿

takbok

麋鹿

elk

水壩

opgaardam

風力發電機

windturbine

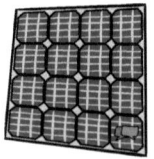

太陽能電池板

sonpaneel

氣候

klimaat

服務生
kelner

菜譜
menu

椅子
stoel

湯
sop

披薩餅
pizza

餐具
eetgerei

桌布
tafeldoek

前菜

voorgereg

主菜

hoofgereg

甜點

nagereg

飲料

drankies

食物

kos

瓶子

bottel

速食

kitskos

街邊小吃

straatkos

茶壺

teepot

糖盒

suikerverpakking

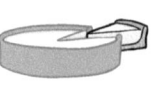

一份飯菜

porsie

義式咖啡機

espresso masjien

高腳椅

hoë stoel

帳單

rekening

托盤

skinkbord

刀

mes

餐叉

vurk

勺子

lepel

茶匙

teelepel

餐巾

servet

玻璃杯

glas

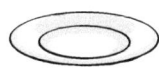

碟子
gereg

湯盤
sopbakkie

碟子
piering

醬
sous

鹽瓶
soutpot

胡椒研磨罐
pepermeul

醋
asyn

食用油
olie

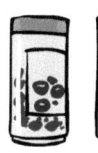

調味料
speserye

番茄醬
tamatiesous

芥末
mosterd

美乃滋
mayonaise

超市

supermark

特價
spesiale aanbieding
FOR
顧客
kliënt
乳製品
suiwelprodukte
水果
vrugte
購物車
trollie

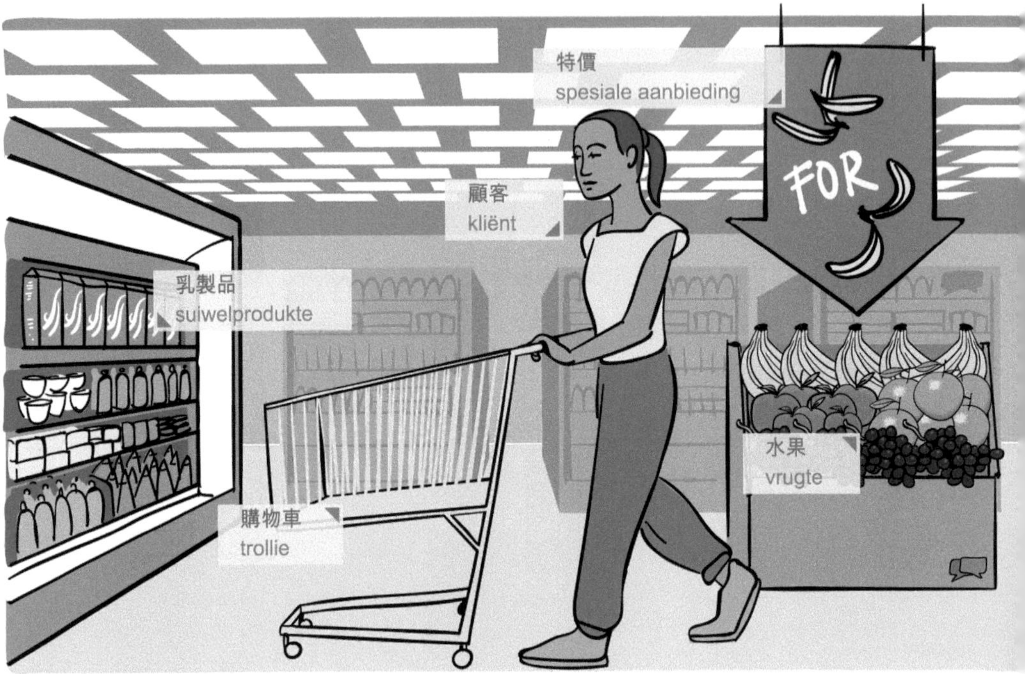

BUTCHERS

肉鋪

slaghuis

BAKERY

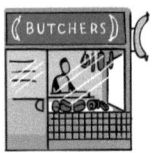

麵包店

bakkery

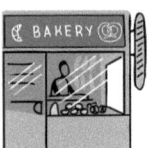

稱重

weeg

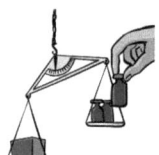

蔬菜

groente

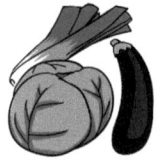

肉

vleis

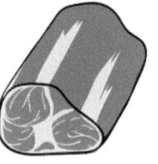

冷凍食品

bevrore voedsel

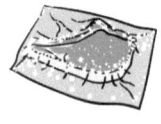

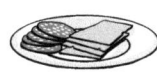

冷盤
kouevleis

罐頭食品
blikkieskos

洗衣粉
waspoeier

甜食
lekkers

日用品
huishoudelike produkte

清潔用品
skoonmaakprodukte

銷售員
verkoopsvrou

收銀機
kasregister

收銀員
kassier

購物清單
inkopielys

開放時間
besigheidsure

錢包
beursie

信用卡
kredietkaart

袋子
sak

塑膠袋
plastieksak

水

water

果汁

sap

牛奶

melk

可樂

coke

紅酒

wyn

啤酒

bier

酒

alkohol

可可

kakao

茶

tee

咖啡

koffie

義式濃縮咖啡

espresso

卡布奇諾

cappuccino

香蕉

piesang

蘋果

appel

柳丁

lemoen

西瓜

waatlemoen

檸檬

suurlemoen

胡蘿蔔

wortel

大蒜

knoffel

竹子

bamboes

洋蔥

ui

蘑菇

sampioen

堅果

neute

麵條

noedels

義大利麵

spaghetti

米飯

rys

沙拉

slaai

薯條

aartappelskyfies

炸馬鈴薯

gebraaide aartappels

披薩餅

pizza

漢堡

hamburger

三明治

toebroodjie

炸豬排

kotelet

火腿

ham

義大利臘腸

salami

香腸

wors

雞肉

hoender

烤肉

braaivleis

魚

vis

燕麥片

hawermoutflokkies

木斯里

muesli

玉米片

graanvlokkies

麵粉

meel

牛角麵包

croissant

麵包捲

broodrolletjie

麵包

brood

吐司

roosterbrood

餅乾

koekies

奶油

botter

凝乳

dikmelk

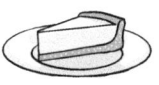

蛋糕

koek

蛋

eier

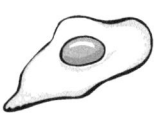

煎蛋

gebraaide eier

起司

kaas

冰淇淋

roomys

糖

suiker

蜂蜜

heuning

果醬

konfyt

巧克力醬

nougat-smeer

咖哩

kerrie

農場

plaas

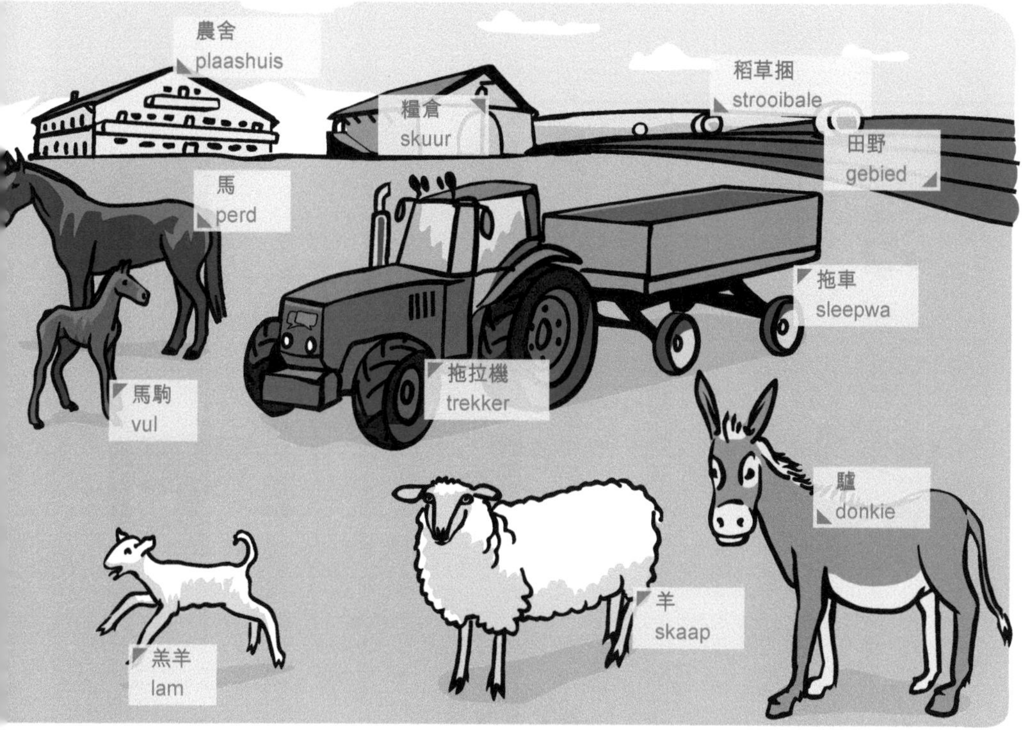

農舍
plaashuis
糧倉
skuur
稻草捆
strooibale
田野
gebied
馬
perd
拖車
sleepwa
拖拉機
trekker
馬駒
vul
驢
donkie
羊
skaap
羔羊
lam

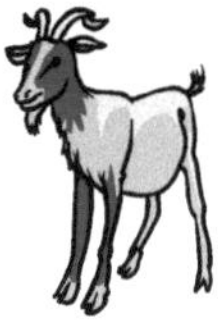

山羊

bok

奶牛

koei

小牛

kalf

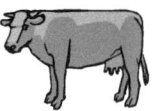

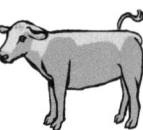

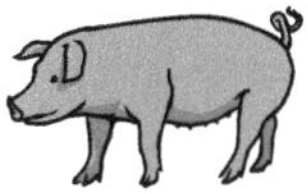

豬

vark

小豬

varkie

公牛

bul

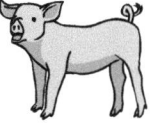

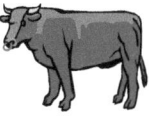

鵝
gans

鴨
eend

小雞
kuiken

母雞
hen

公雞
haan

鼠
rot

貓
kat

老鼠
muis

牛
os

狗
hond

狗屋
hondehok

花園澆水軟管
tuinslang

澆水壺
gieter

長柄大鐮刀
sens

犁
ploeg

鐮刀

sekel

鋤頭

skoffel

長柄草耙

gaffel

斧頭

byl

獨輪手推車

kruiwa

飼料槽

trog

牛奶罐

melkkan

麻布袋

sak

柵欄

heining

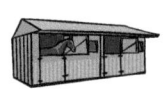

馬廄

stal

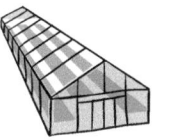

溫室

kweekhuis

土壤

grond

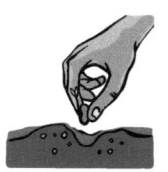

種子

saad

肥料

kunsmis

聯合收割機

stroper

收割
oes

收割
oes

地瓜
yam

小麥
koring

大豆
soja

土豆
aartappel

玉米
koring

油菜籽
raapsaad

果樹
vrugteboom

樹薯
broodwortel

穀物
graan

房子
huis

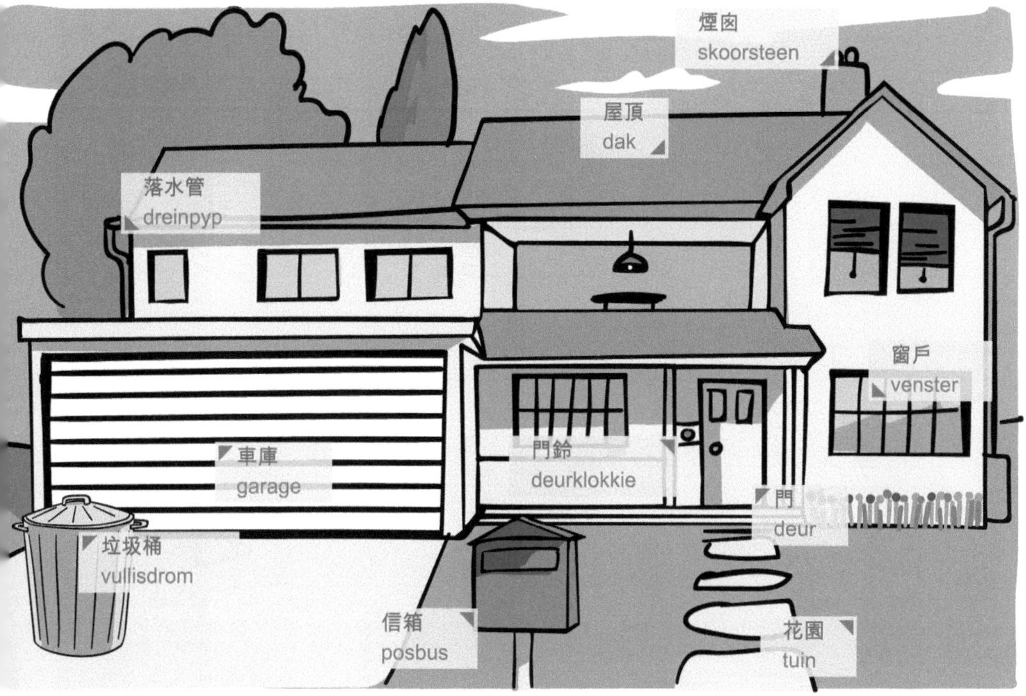

煙囪
skoorsteen
屋頂
dak
落水管
dreinpyp
窗戶
venster
車庫
garage
門鈴
deurklokkie
門
deur
垃圾桶
vullisdrom
信箱
posbus
花園
tuin

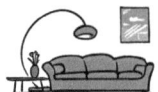

客廳

woonkamer

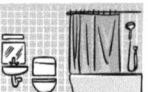

浴室

badkamer

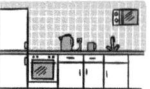

廚房

kombuis

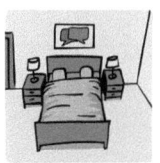

臥室

slaapkamer

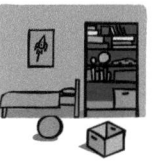

兒童房

kinderkamer

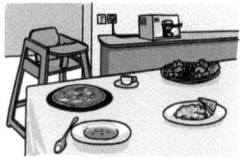

餐廳

eetkamer

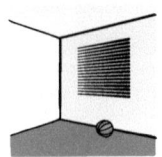

地板

vloer

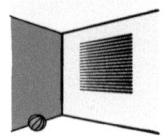

牆壁

muur

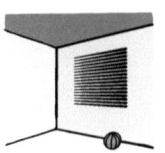

天花板

plafon

地窖

kelder

三溫暖

sauna

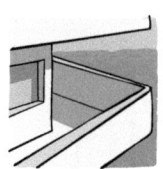

陽臺

balkon

露臺

terras

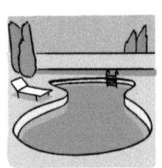

游泳池

swembad

割草機

grassnyer

被單

beddegoedoortreksel

床罩

deken

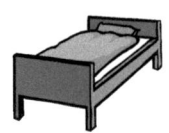

床

bed

掃帚

besem

水桶

emmer

開關

skakelaar

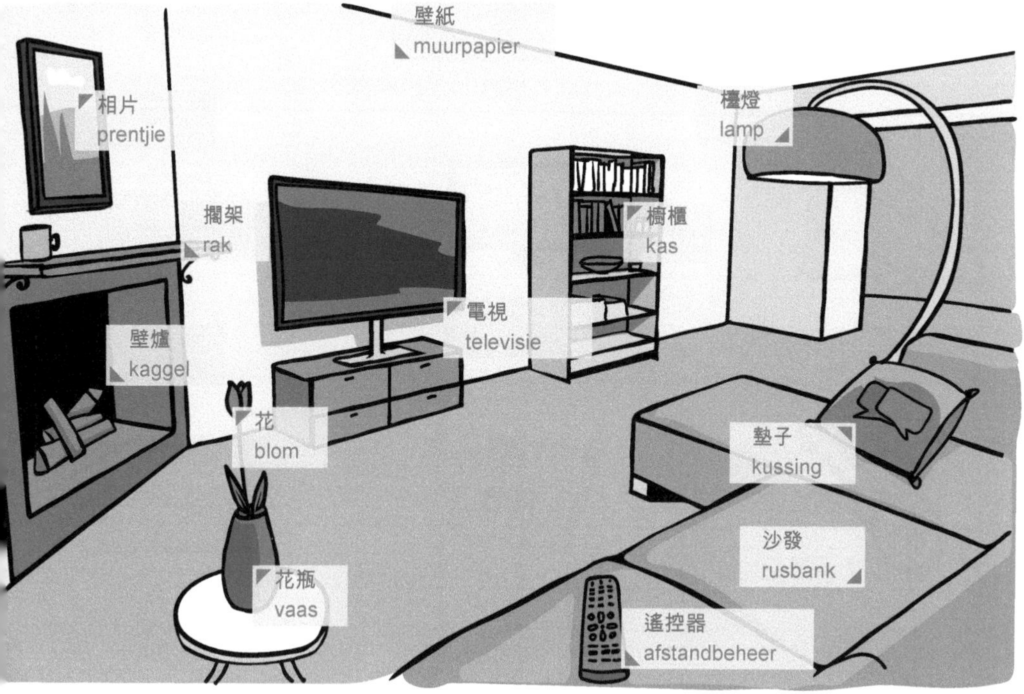

壁紙
muurpapier

相片
prentjie

擱架
rak

檯燈
lamp

櫥櫃
kas

壁爐
kaggel

電視
televisie

花
blom

墊子
kussing

沙發
rusbank

花瓶
vaas

遙控器
afstandbeheer

地毯
mat

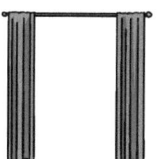

窗簾
gordyn

餐桌
tafel

椅子
stoel

搖椅
wiegstoel

扶手椅
leunstoel

書
boek

毯子
kombers

裝飾品
versiering

木柴
vuurmaakhout

電影
film

高傳真音響
hoëtroustel

鑰匙
sleutel

報紙
koerant

油畫
skildery

海報
plakkaat

收音機
radio

筆記本
notaboekie

吸塵器
stofsuier

仙人掌
kaktus

蠟燭
kers

廚房

kombuis

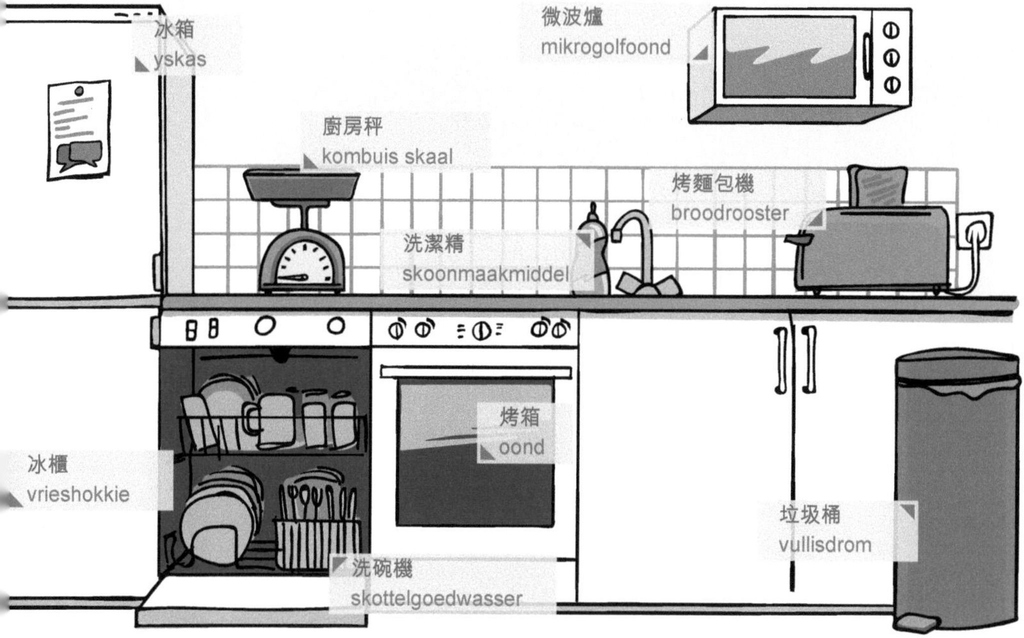

冰箱
yskas
微波爐
mikrogolfoond
廚房秤
kombuis skaal
烤麵包機
broodrooster
洗潔精
skoonmaakmiddel
烤箱
oond
冰櫃
vrieshokkie
垃圾桶
vullisdrom
洗碗機
skottelgoedwasser

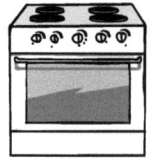

炊具

drukkoker

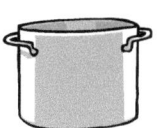

鍋

pot

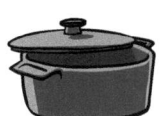

鑄鐵鍋

ysterpot

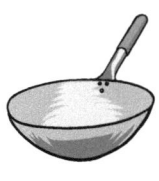

炒鍋

wok / kadai

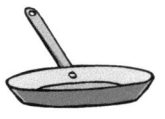

平底鍋

pan

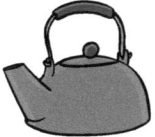

水壺

ketel

蒸鍋

stoomkoker

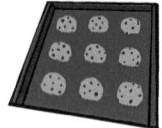

烤盤

bakplaat

陶瓷鍋

breekware

馬克杯

beker

碗

bak

筷子

eetstokkie

長柄勺

skeplepel

鏟子

spatel

攪拌器

klitser

濾網

sif

篩子

sif

磨碎機

rasper

研缽

vysel

燒烤

braai

明火

oop vuur

菜板
broodplank

擀麵杖
koekroller

開瓶器
kurktrekker

罐子
kan

開罐器
blikoopmaker

隔熱手套
vatlap

水槽
opwasbak

刷子
borsel

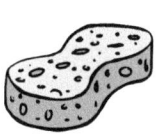

海綿
spons

攪拌機
menger

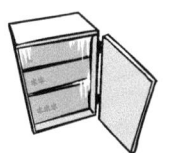

冷藏箱
vrieskas

奶瓶
bababottel

水龍頭
kraan

浴室

badkamer

淋浴
stort
供暖裝置
verwarming
毛巾
handdoek
浴簾
stortgordyn
泡沫浴
borrel bad
浴缸
bad
玻璃杯
glas
洗衣機
wasmasjien
水龍頭
kraan
瓷磚
teëls
便壺
potjie
水槽
opwasbak

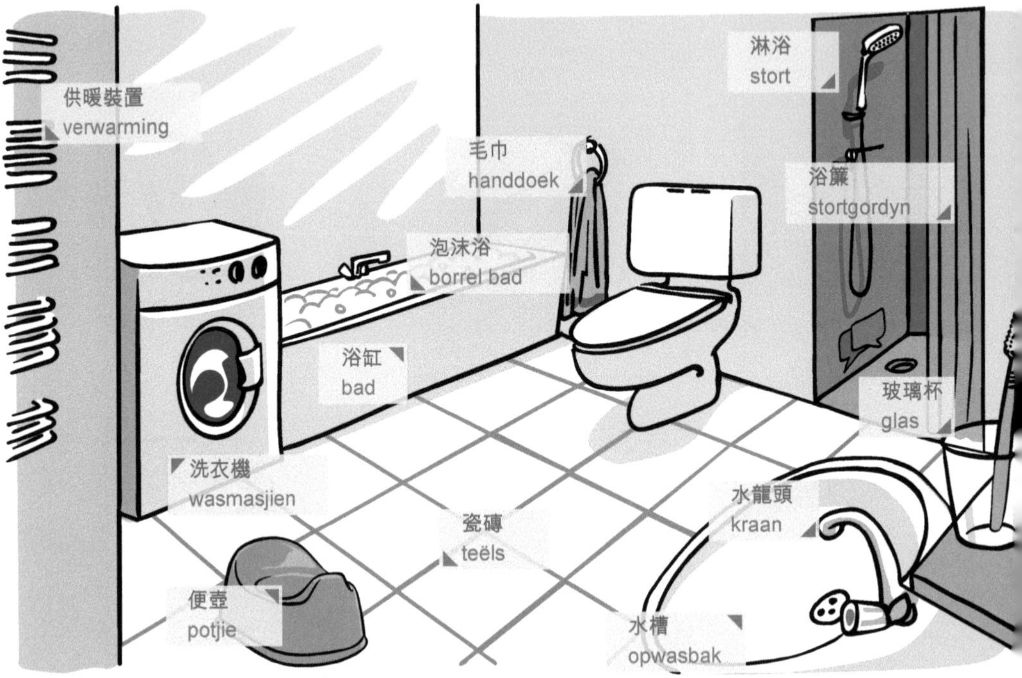

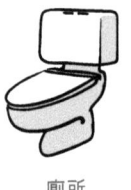

廁所

toilet

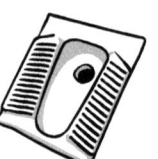

蹲便器

hurktoilet

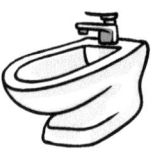

坐浴器

bidet

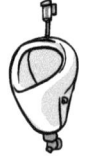

小便斗

urinaal

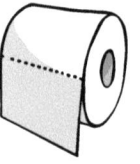

廁紙

toiletpapier

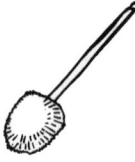

馬桶刷

toiletborsel

牙刷

tandeborsel

牙膏

tandepasta

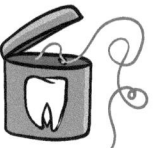

牙線

tande vlos

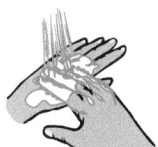

洗

was

手持式蓮蓬頭

handstort

沖洗器

stort

洗臉盆

wasbak

洗背刷

rugkantborsel

肥皂

seep

沐浴露

stortgel

洗髮乳

sjampoe

法蘭絨

flanel

排水

drein

乳霜

room

除臭劑

reukweerder

鏡子

spieël

手鏡

spieëltjie

刮鬍刀

skeermes

刮鬍泡沫

skeerroom

鬍後水

naskeermiddel

梳子

kam

刷子

borsel

吹風機

haardroër

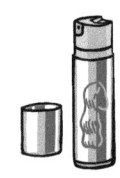

噴髮定型劑

haarsproei

化妝品

grimmering

唇膏

lipstifie

指甲油

naellak

化妝棉

watte

指甲剪

naelknipper

香水

parfuum

洗漱包

toiletsakkie

凳子

stoel

計重秤

skaal

浴袍

badjas

橡膠手套

rubberhandskoene

衛生棉條

tampon

衛生棉

sanitêre handdoek

化學廁所

chemiese toilet

兒童房

kinderkamer

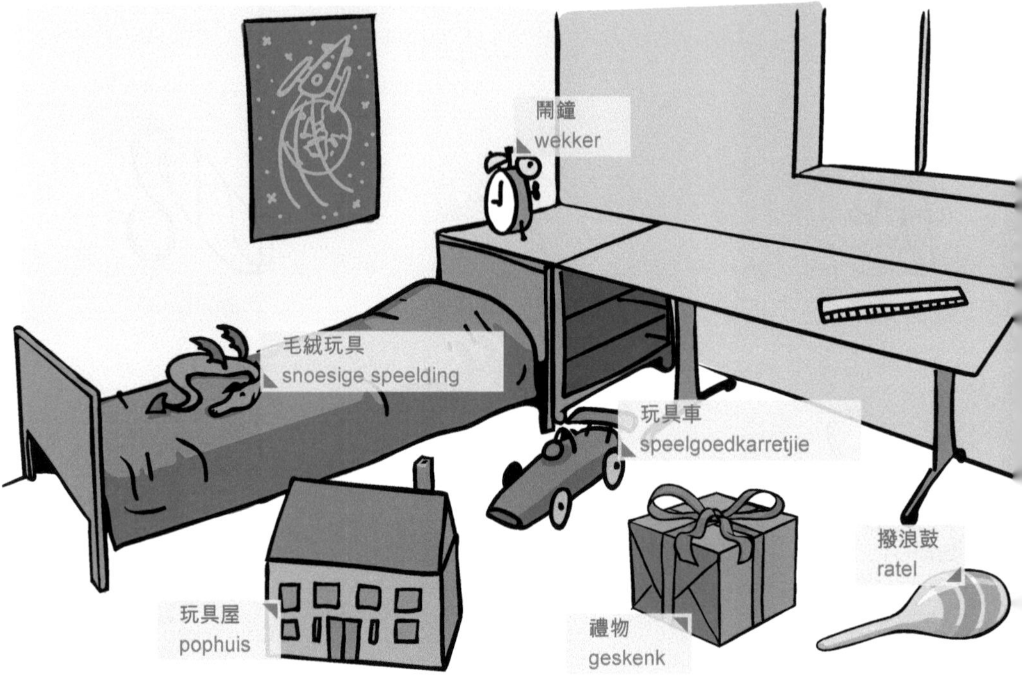

鬧鐘
wekker
毛絨玩具
snoesige speelding
玩具車
speelgoedkarretjie
撥浪鼓
ratel
玩具屋
pophuis
禮物
geskenk

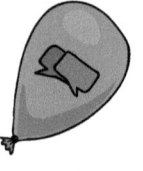

氣球

ballon

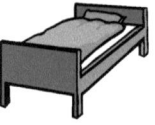

床

bed

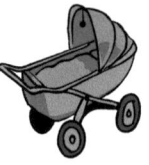

嬰兒車

stootwaentjie

撲克牌

kaartespel

拼圖

legkaart

SUPER
MEGA

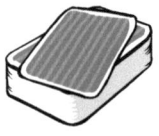

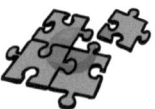

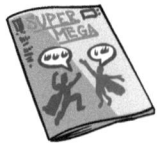

漫畫

tekenprent

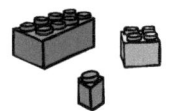

樂高積木
lego-blokkies

積木玩具
speelgoedblokke

公仔
animasieheld

嬰兒服
groeipakkie

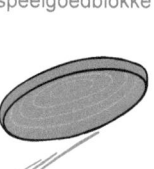

飛盤
frisbee

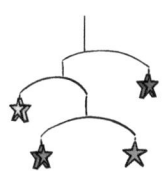

床鈴玩具
mobile

棋盤遊戲
bordspeletjie

骰子
dobbelsteen

火車模型
model trein stel

安撫奶嘴
fopspeen

派對
partytjie

繪本
prenteboek

球
bal

洋娃娃
pop

玩
speel

沙坑

sandput

鞦韆

swaai

玩具

speelgoed

電玩遊戲

videospeletjie-konsole

三輪車

driewiel

泰迪熊

teddiebeer

衣櫃

klerekas

衣服

klere

襪子

sokkies

長襪

kouse

緊身褲

broekiekouse

圍巾
serp

雨傘
sambreel

T恤
t-hemp

皮帶
belt

靴子
skoene

拖鞋
pantoffels

運動鞋
tekkies

涼鞋
sandale

鞋
skoene

雨靴
rubber stewels

內褲
onderbroek

胸罩
bra

背心
onderbaadjie

衣服 - klere   45

身體

liggaam

褲子

broek

牛仔褲

jeans

短裙

romp

女式襯衫

bloes

襯衫

hemp

套頭衫

oortrektrui

連帽上衣

oortrektrui

西裝夾克

baadjie

夾克

baadjie

外套

jas

雨衣

reënjas

套裝

kostuum

連衣裙

rok

婚紗

trourok

西裝

pak

睡袍

nagrok

睡衣

pajamas

莎麗

sari

頭巾

kopdoek

包頭巾

tulband

波卡

burqa

卡夫坦

kaftan

(阿拉伯式)長袍

abaya

泳衣

swembroek

男式泳褲

swembroek

短褲

kortbroek

運動服

sweetpak

圍裙

voorskoot

手套

handskoene

鈕扣
knoppie

眼鏡
bril

手鏈
armband

項鍊
halssnoer

戒指
ring

耳環
oorbel

便帽
pet

衣架
klerehanger

帽子
hoed

領帶
das

拉鍊
rits

安全帽
helmet

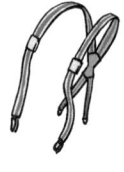

背帶
draadjies

校服
skooluniform

制服
uniform

圍兜

bib

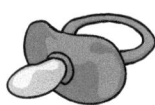

安撫奶嘴

fopspeen

尿布

doek

辦公室
kantoor

伺服器
bediener

檔案櫃
liasseerkabinet

印表機
drukker

螢幕
skerm

紙
papier

辦公桌
lessenaar

滑鼠
muis

資料夾
leêr

鍵盤
sleutelbord

廢紙簍
vullisdrom

電腦
rekenaar

椅子
stoel

咖啡杯

koffiebeker

計算機

sakrekenaar

網際網路

internet

筆記型電腦

skootrekenaar

信件

brief

簡訊

boodskap

行動電話

selfoon

網路

netwerk

影印機

fotostaatmasjien

軟體

sagteware

電話

telefoon

插座

muurprop

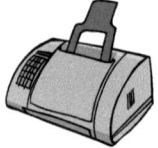

傳真機

faksmasjien

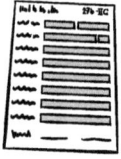

表格

vorm

檔案

dokument

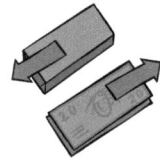

買
koop

付錢
betaal

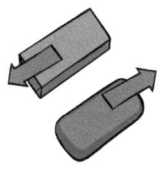

交易
besigheid doen

現金
geld

美元
dollar

歐元
euro

日元
yen

盧布
roebel

瑞士法郎
switserse frank

人民幣
renminbi yuan

盧比
rupee

提款處
kontantteller (ATM)

外幣兌換處

bureau de change

金

goud

銀

silwer

石油

olie

能源

energie

價格

prys

合約

kontrak

稅金

belasting

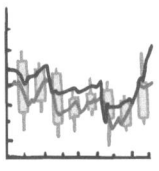

股票

aandele

工作

werk

職員

werknemer

老闆

werkgewer

工廠

fabriek

商店

winkel

beroepe

消防員
brandweerman

警官
polisiebeampte

廚師
kok

醫師
dokter

▼飛行員
vlieënier

園丁

tuinier

木匠

timmerman

裁縫

naaldwerkster

法官

regter

化學家

chemikus

演員

akteur

公車司機

busbestuurder

計程車司機

taxibestuurder

漁夫

visserman

清洗女工

skoonmaakvrou

屋頂工

dakwerker

服務生

kelner

獵人

jagter

畫家

skilder

麵包師

bakker

電工

elektrisiën

建築工人

bouer

工程師

ingenieur

屠夫

slagter

水管工

loodgieter

郵差

posman

士兵

soldaat

建築師

argitek

收銀員

kassier

花農

bloemiste

理髮師

haarkapper

售票員

kondukteur

機械技師

werktuigkundige

船長

kaptein

牙醫

tandarts

科學家

wetenskaplike

拉比

rabbi

伊瑪目

imam

和尚

monnik

牧師

predikant

工具

gereedskap

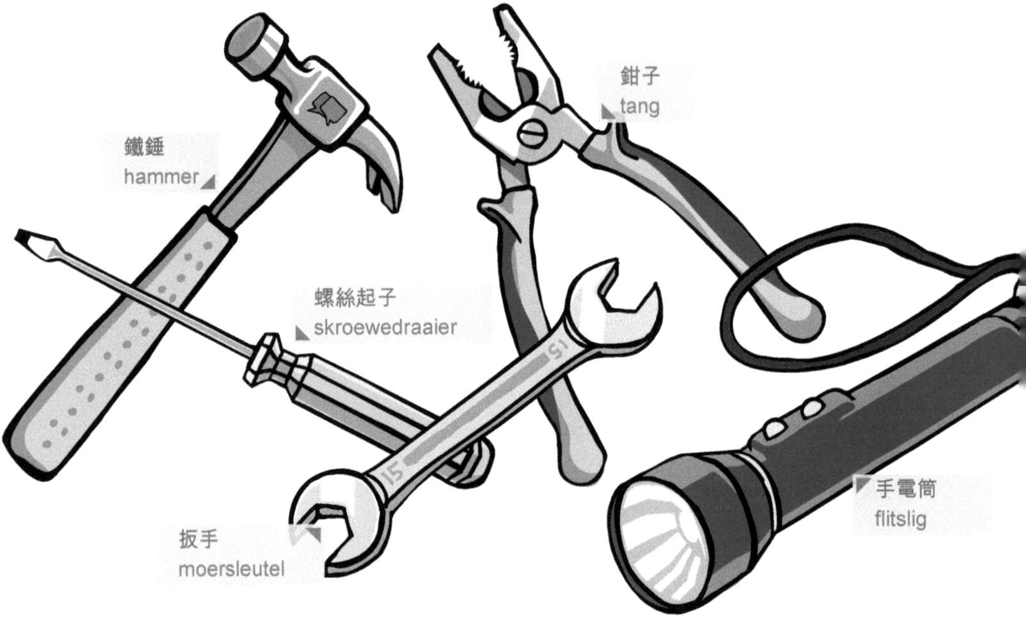

鐵錘
hammer
鉗子
tang
螺絲起子
skroewedraaier
扳手
moersleutel
手電筒
flitslig

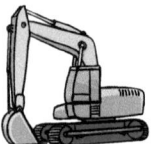

挖掘機

graaftoestel

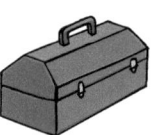

工具箱

gereedskapskis

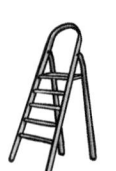

梯子

leer

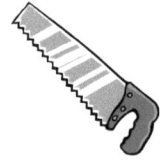

鋸子

saag

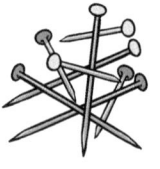

釘子

naels

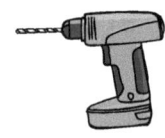

鑽機

boor

修
regmaak

鏟子
graaf

糟糕！
verdomp!

畚箕
skoppie

油漆桶
verfpot

螺絲
skroewe

樂器

musiekinstrumente

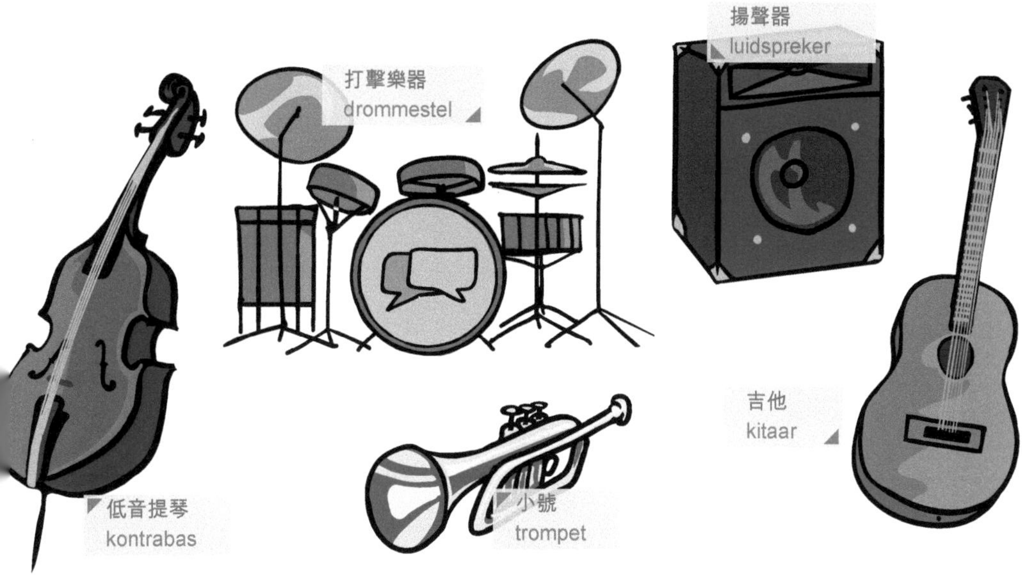

打擊樂器
drommestel

揚聲器
luidspreker

吉他
kitaar

低音提琴
kontrabas

小號
trompet

鋼琴

klavier

小提琴

viool

貝斯

bas

定音鼓

keteltrom

鼓

dromme

電子琴

sleutelbord

薩克斯風

saksofoon

長笛

fluit

麥克風

mikrofoon

動物園
dieretuin

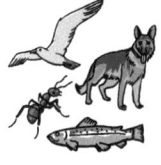

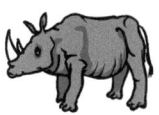

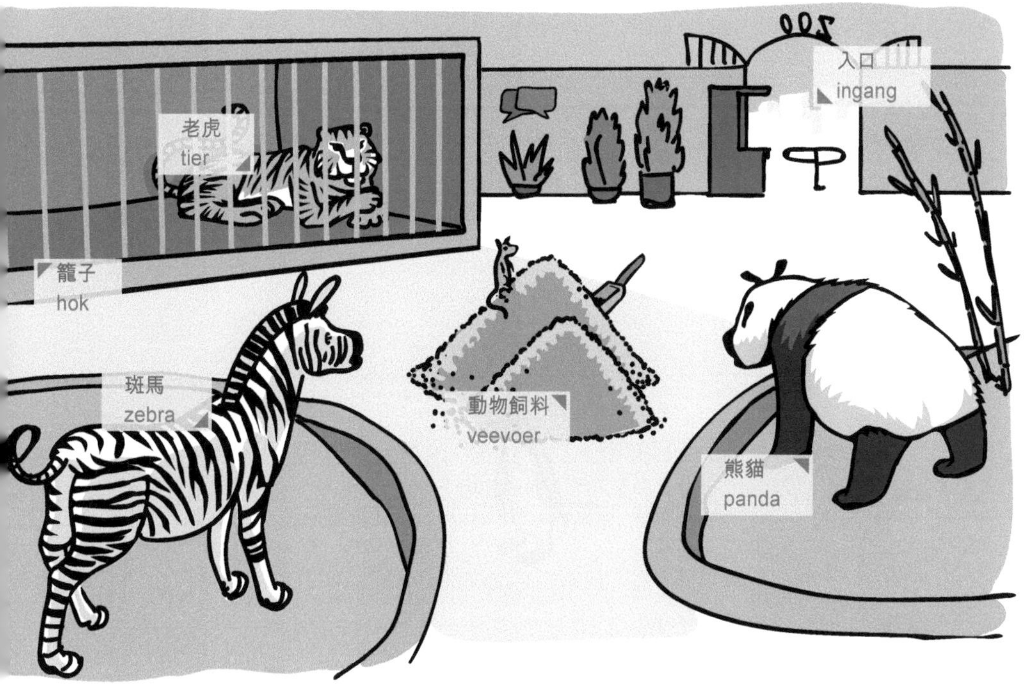

老虎
tier
入口
ingang
籠子
hok
斑馬
zebra
動物飼料
veevoer
熊貓
panda

動物

diere

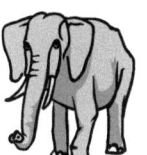

大象

olifant

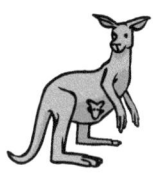

袋鼠

kangaroo

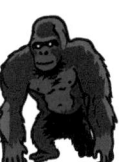

犀牛

renoster

大猩猩

gorilla

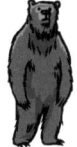

熊

beer

駱駝

kameel

鴕鳥

volstruis

獅子

leeu

猴子

aap

紅鶴

flamink

鸚鵡

papegaai

北極熊

ysbeer

企鵝

pikkewyn

鯊魚

haai

孔雀

pou

蛇

slang

鱷魚

krokodil

動物園管理員

dieretuinopsigter

海豹

rob

美洲豹

jaguar

矮種馬

ponie

豹

luiperd

河馬

seekoei

長頸鹿

kameelperd

老鷹

arend

野豬

wildevark

魚

vis

龜

skilpad

海象

walrus

狐狸

jakkals

羚羊

gemsbok

橄欖球
Amerikaanse Voetbal

騎腳踏車
fietsry

網球
tennis

籃球
basketbal

游泳
swem

拳擊
boks

冰球
ys-hokkie

美式足球
sokker

羽毛球
pluimbal

田徑
atletiek

手球
handbal

滑雪
ski

馬球
polo

跳
spring

擁抱
drukkie

笑
lag

走路
loop

唱
sing

祈禱
bid

親吻
soen

做夢
droom

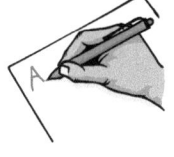

書寫
skryf

畫
teken

展示
show

推
druk

給
gee

拿
neem

有
het

做
doen

當
wees

站
staan

跑
hardloop

拉
trek

丟
gooi

摔倒
val

躺
jok

等待
wag

攜帶
dra

坐
sit

穿衣
aantrek

睡覺
slaap

醒來
wakker word

看
kyk na

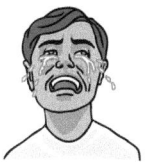

哭
huil

擊
streel

梳頭
kam

交談
praat

明白
verstaan

問
vra

聽
luister

喝
drink

吃
eet

清理
opruim

愛
liefhê

做飯
kook

開車
ry

飛
vlieg

活動 - aktiwiteite

航行

seil

計算

bereken

讀

lees

學習

leer

工作

werk

結婚

trou

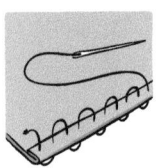

縫

naai

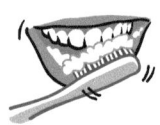

刷牙

tande borsel

殺

doodmaak

抽菸

rook

寄

stuur

祖母
ouma

祖父
oupa

父親
pa

母親
ma

嬰兒
baba

女兒
dogter

兒子
seun

客人

gas

阿姨

tannie

叔叔

oom

兄弟

broer

姐妹

suster

身體

liggaam

前額
voorkop
眼睛
oog
肩膀
skouer
手指
vinger
臉
gesig
下巴
ken
手
hand
腿
been
乳房
bors
手臂
arm

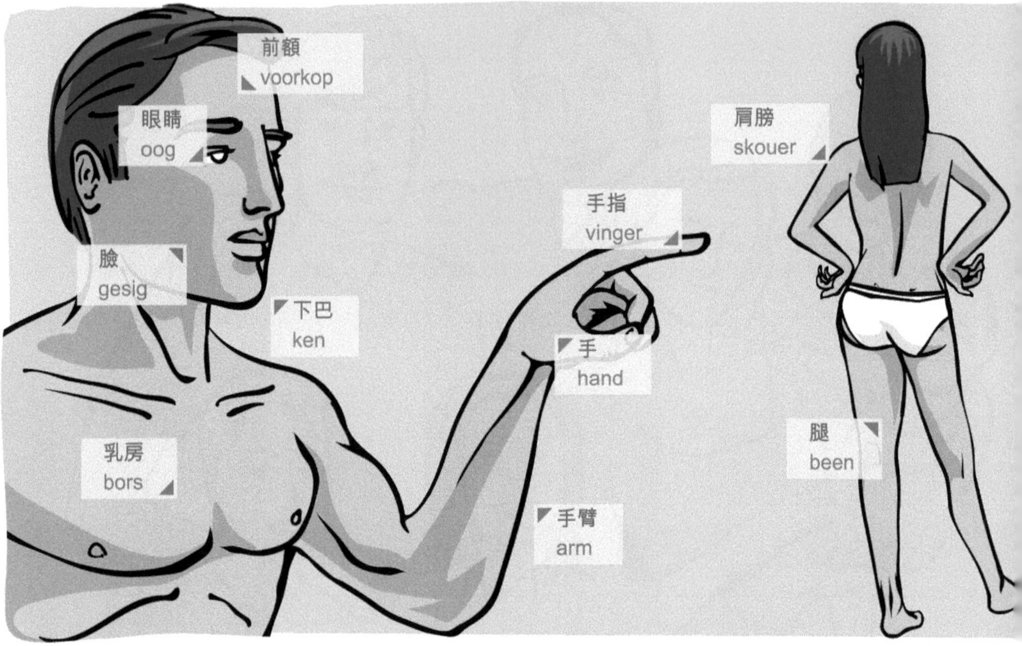

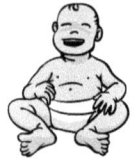

嬰兒

baba

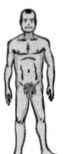

男人

man

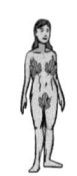

女人

vrou

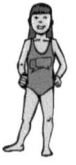

女孩

meisie

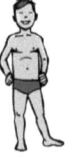

男孩

seun

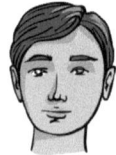

頭

kop

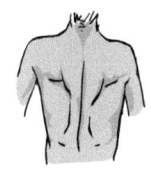

背部

rug

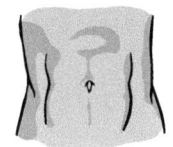

肚子

buik

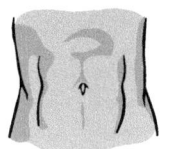

肚臍

naelstring

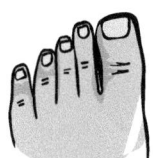

腳趾

toon

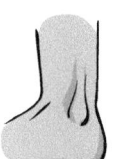

腳後跟

hak

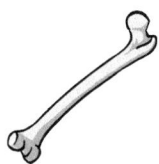

骨頭

been

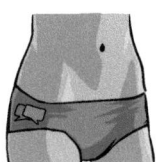

臀部

heup

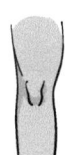

膝蓋

knie

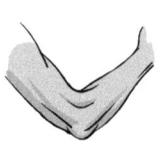

手肘

elmboog

鼻子

neus

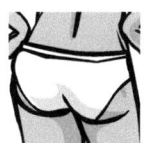

屁股

boude

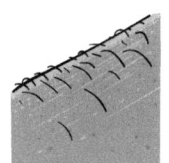

皮膚

vel

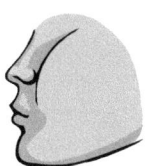

臉頰

wang

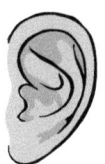

耳朵

oor

嘴唇

lippe

嘴
mond

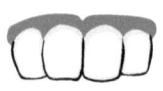

牙齒
tand

舌頭
tong

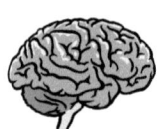

腦
brein

心臟
hart

肌肉
spiere

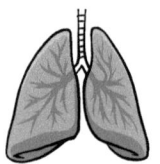

肺
long

肝臟
lewer

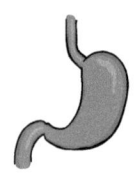

胃
maag

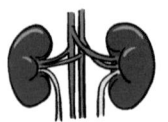

腎臟
niere

性交
seks

保險套
kondoom

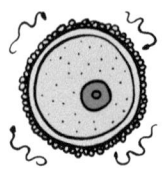

卵子
eierstok

精子
semen

懷孕
swangerskap

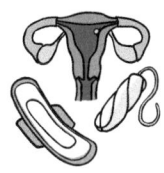

月事

menstruasie

陰道

vagina

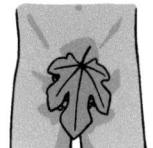

陰莖

penis

眉毛

wenkbrou

頭髮

hare

脖子

nek

醫院
hospitaal

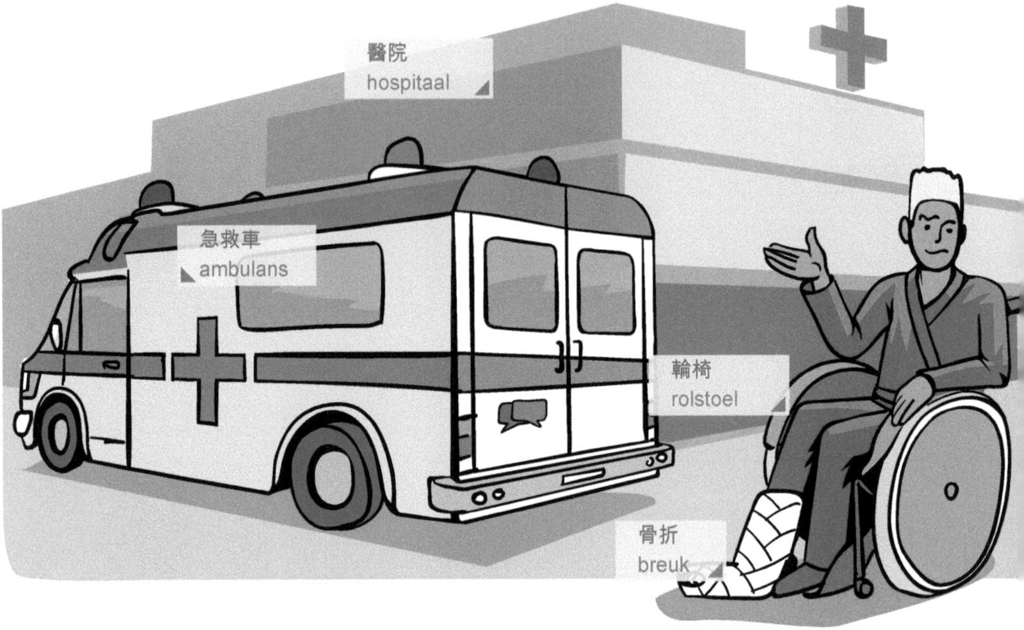

醫院
hospitaal
急救車
ambulans
輪椅
rolstoel
骨折
breuk

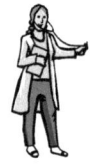

醫師
dokter

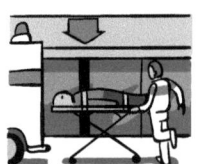

急診室
ongevalle

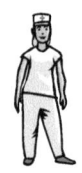

護理師
verpleegster

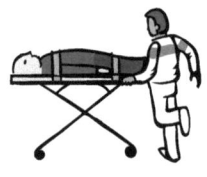

緊急情形
noodgeval

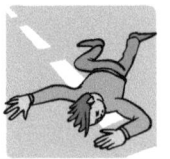

昏迷
bewusteloos

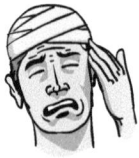

痛
pyn

受傷

besering

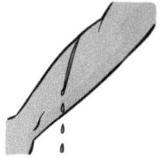

出血

bloeding

心臟病發作

hartaanval

中風

beroerte

過敏

allergie

咳嗽

hoes

發燒

koors

流感

griep

腹瀉

diarree

頭痛

hoofpyn

癌症

kanker

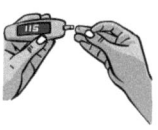

糖尿病

diabetes

外科醫師

chirurg

手術刀

skalpel

手術

operasie

電腦斷層掃描

CT

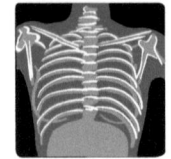

X光

X-straal

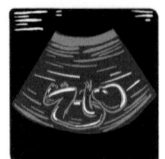

超音波

ultraklank

口罩

gesigmasker

疾病

siekte

候診室

wagkamer

拐杖

kruk

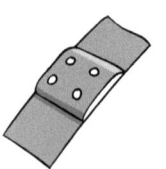

石膏

gips

繃帶

verband

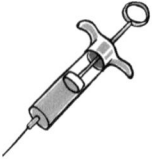

注射

inspuiting

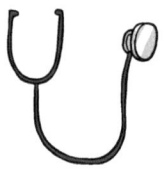

聽診器

stetoskoop

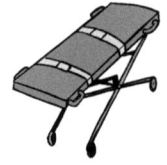

擔架

draagbaar

體溫計

kliniese termometer

出生

geboorte

超重

oorgewig

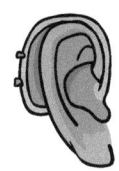

助聽器

gehoorapparaat

消毒液

ontsmettingsmiddel

感染

infeksie

病毒

virus

愛滋病

MIV / vigs

藥物

medisyne

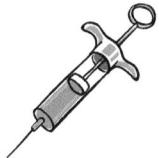

接種疫苗

inenting

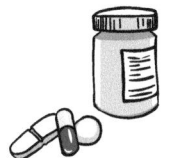

藥片

tablette

藥丸

pil

急救電話

noodoproep

血壓計

blooddrukmonitor

生病/健康

siek / gesond

救命！

Help!

警報

alarm

突擊

aanranding

攻擊

aanval

危險

gevaar

緊急出口

nooduitgang

失火了！

Brand!

滅火器

brandblusser

意外

ongeluk

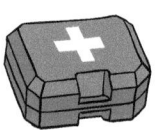

急救箱

noodhulpkissie

呼救訊號

SOS

員警

polisie

歐洲

Europa

北美洲

Noord-Amerika

南美洲

Suid-Amerika

非洲

Afrika

亞洲

Asië

澳洲

Australië

大西洋

Atlantiese Oseaan

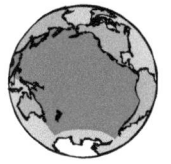

太平洋

Stille Oseaan

印度洋

Indiese Oseaan

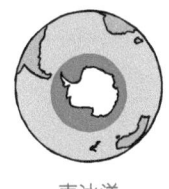

南冰洋

Antarktiese Oseaan

北冰洋

Arktiese Oseaan

北極

Noordpool

南極

Suidpool

南極洲

Antarktika

地球

aarde

陸地

land

海

see

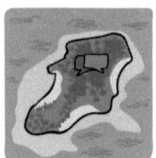

島

eiland

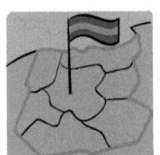

國家

nasie

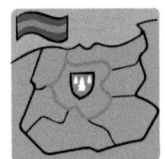

州

staat

錶盤

horlosie

時針

uur-aanwyser

分針

minuut-aanwyser

秒針

sekonde-aanwyser

現在幾點？

Hoe laat is dit?

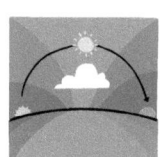

天

dag

時間

tyd

現在

nou

電子錶

digitale horlosie

分

minuut

時

uur

週

week

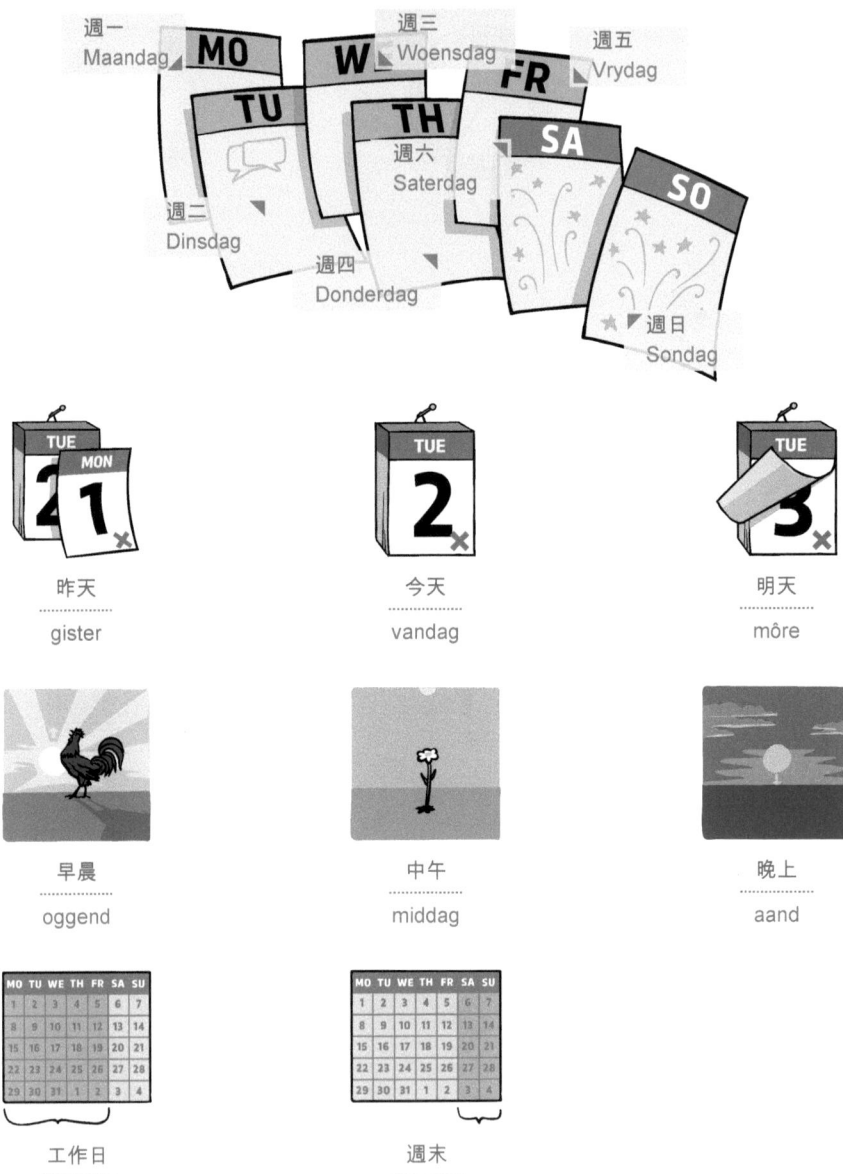

週一
Maandag

週三
Woensdag

週五
Vrydag

週二
Dinsdag

週四
Donderdag

週六
Saterdag

週日
Sondag

MO
TU
W
TH
FR
SA
SO

昨天
gister

今天
vandag

明天
môre

早晨
oggend

中午
middag

晚上
aand

工作日
werksdae

週末
naweek

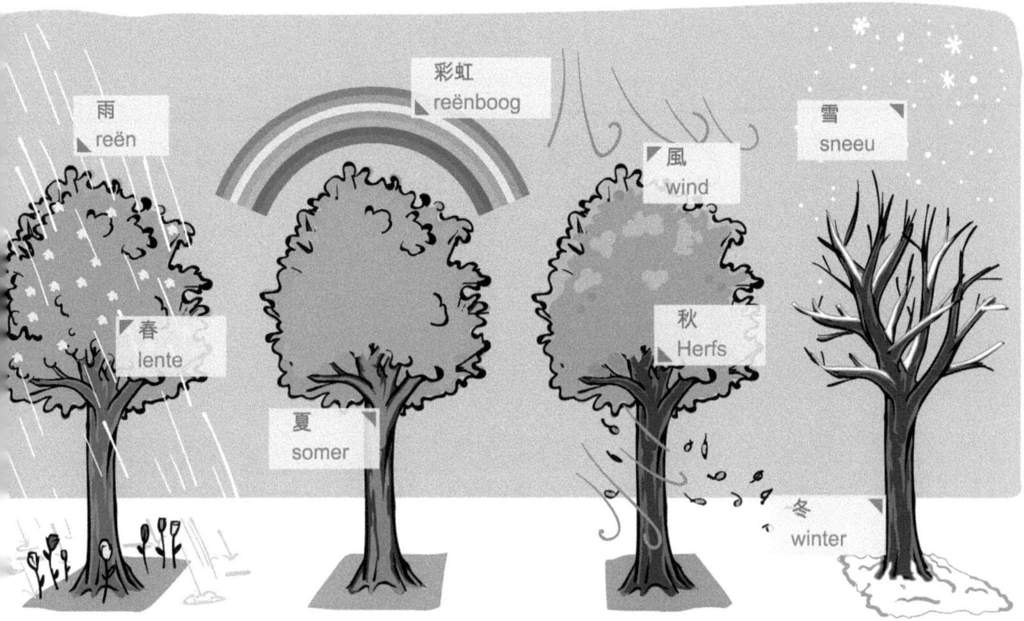

雨
reën

彩虹
reënboog

風
wind

雪
sneeu

春
lente

夏
somer

秋
Herfs

冬
winter

天氣預告

weervoorspelling

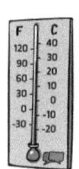

溫度計

termometer

陽光

sonskyn

雲

wolk

霧

mis

潮濕

humiditeit

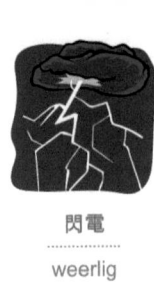

閃電

weerlig

打雷

donderweer

風暴

storm

冰雹

hael

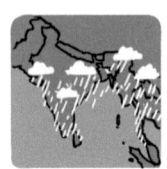

季風

reënseisoen

洪水

vloed

冰

ys

一月

Januarie

二月

Februarie

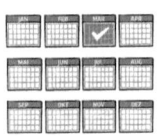

三月

Maart

四月

April

五月

Mei

六月

Junie

七月

Julie

八月

Augustus

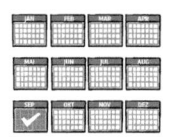

九月
....
September

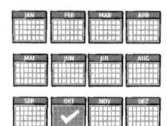

十月
....
Oktober

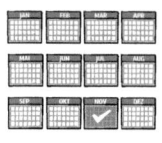

十一月
....
November

十二月
....
Desember

形狀

vorms

圓形
....
sirkel

正方形
....
vierkant

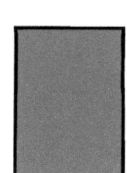

長方形
....
reghoek

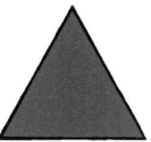

三角形
....
driehoek

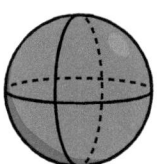

球體
....
gebied

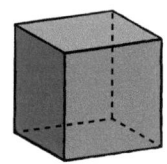

立方體
....
kubus

白

wit

黃

geel

橙

oranje

粉

pink

紅

rooi

紫

pers

藍

blou

綠

groen

棕

bruin

灰

grys

黑

swart

很多/少許

'n baie / 'n bietjie

生氣/平靜

kwaad / kalm

美/醜

pragtig / lelik

首/尾

begin / einde

大/小

groot / klein

明/暗

helder / donker

兄弟/姐妹

broer / suster

乾淨/骯髒

skoon / vuil

完整/缺失

volledige / onvolledige

白天/晚上

dag / nag

死/生

dood / lewendig

寬/窄

wyd / smal

可食用/非食用

eetbare / oneetbaar

邪惡/善良

kwaad / vriendelik

興奮/無聊

opgewonde / verveeld

胖/瘦

vet / maer

第一/最後

eerste / laaste

朋友/敵人

vriend / vyand

滿/空

vol / leeg

硬/軟

hard / sag

重/輕

swaar / lig

餓/渴

honger / dors

生病/健康

siek / gesond

非法/合法

onwettige / wettige

聰明/愚笨

slim / dom

左/右

links / regs

近/遠

naby / vêr

新/舊

nuut / tweedehands

沒有/有些

niks / iets

老/幼

oud / jonk

開/關

aan / af

打開/闔上

oop / toe

安靜/吵鬧

stil / lawaaierig

富/窮

ryk / arm

對/錯

reg / verkeerd

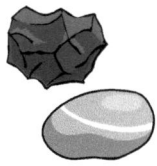

粗糙/光滑

grof / glad

傷心/高興

hartseer / gelukkig

短/長

kort / lank

慢/快

stadig / vinnig

濕/乾

nat / droog

溫暖/涼爽

warm / koel

戰爭/和平

oorlog / vrede

數字

getalle

0

零
nul

1

一
een

2

二
twee

3

三
drie

4

四
vier

5

五
vyf

6

六
ses

7

七
sewe

8

八
agt

9

九
nege

10

十
tien

11

十一
elf

12

十二

twaalf

13

十三

dertien

14

十四

veertien

15

十五

vyftien

16

十六

sestien

17

十七

sewentien

18

十八

agtien

19

十九

negentien

20

二十

twintig

100

百

honderd

1.000

千

duisend

1.000.000

百萬

miljoen

英語

Engels

美式英語

Amerikaanse Engels

普通話

Mandaryns

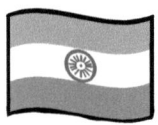

印地語

Hindi

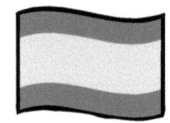

西班牙語

Spaans

法語

Frans

阿拉伯語

Arabies

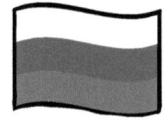

俄語

Russies

葡萄牙語

Portugees

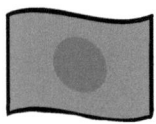

孟加拉語

Bengaals

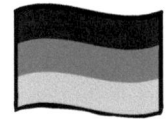

德語

Duits

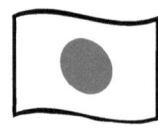

日語

Japanees

我

Ek

你

jy

他/她/它

hy / sy / dit

我們

ons

你們

julle

他們

hulle

誰？

wie?

什麼？

wat?

如何？

hoe?

何處？

waar?

何時？

wanneer?

名字

naam

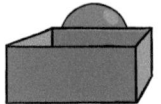

後面

agter

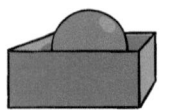

裡面

in

前面

voor

上方

oor

上面

bo-op

下麵

onder

旁邊

langs

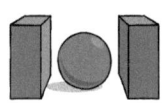

中間

tussen

地點

plek